Piet-Isaac Kabila Wakubangi Mayo
Lupitshi Wa Kasongo Roger

Mission de l'Eglise

Piet-Isaac Kabila Wakubangi Mayo
Lupitshi Wa Kasongo Roger

Mission de l'Eglise

Éditions Croix du Salut

Cover image: www.ingimage.com

Publisher:
Éditions Croix du Salut
is a trademark of
International Book Market Service Ltd., member of OmniScriptum Publishing Group
17 Meldrum Street, Beau Bassin 71504, Mauritius

Printed at: see last page
ISBN: 978-613-7-37227-2

Résumé

Ce petit livre parle de la mission de l'église dans sa globalité sans exception, il ressort les grandes lignes de la mission de l'église, mais aussi le rôle que doit jouer chaque membre. Nous sommes tous conscient que si quelqu'un est en mission, nous comprenons déjà que ce dernier a le devoir de faire la volonté de celui qui l'a envoyé. Dans ce cas, l'église est censée faire la volonté de Dieu, qui est celle de ramener l'homme perdu à son créateur, comme lui-même l'avait fait en donnant son fils Jésus-Christ pour sauver l'homme de la perdition.

L'église et surtout ses responsables, ne doivent pas se lancer seulement dans les prophéties qui traumatisent les membres, pour les offrandes à donner sans oublier les programmes exagérés.

L'église est en mission pour Dieu, ainsi elle doit obéir à ce dernier et à son fils, qui est le second chef de cette mission. C'est pourquoi, elle ne doit pas condamner ni critiquer moins encore discriminer l'homme quels que soient ses péchés par contre, elle doit encore et toujours évangéliser le monde et édifier les convertis par et avec amour pour la mission que Dieu leur a confiés.

INTRODUCTION

Quand nous parlons de la mission de l'église dans la vie pratique du chrétien, de quoi s'agit-il ?

- Il est clair de dire que le plus haut Dieu le père, qui a confié cette grande tâche à son fils Jésus Christ, qui à son tour la confia à ses disciples, ainsi elle continue comme succession jusqu'à nos jours.
- Cette mission concerne tout le monde, qu'il soit pasteur, ou croyant ; nous sommes tous interpelés ; et que ces écrits nous soient comme miroir, que chacun de nous se contemple et se pèse vis-à-vis à celle-ci.
- L'objectif primordial de cette charge est de lancer le message du salut, suivi de celui de la diaconie. Dans tout ceci, nous voyons déjà la chaine apostolique fondée par Dieu lui-même.
- Lorsque le Seigneur Jésus Christ avait commencé son ministère avec la foule qui le suivait, il était conscient que l'homme manifestait deux besoins principaux « Spirituel et Matériel »
- Dans ce sens, la préoccupation majeure de l'église demeure de construire un Homme complet c'est-à-dire Spirituellement et Matériellement comme l'indique (Luc 9:10 – 17).
- Ces propos trouvent leur justification dans l'acte de Jésus Christ lui-même qui, à l'issue de sa prédication s'était rendu compte que l'homme charnel avait faim et qu'il avait besoin de la nourriture, après avoir reçu la bonne nouvelle (Mtt 14:13 – 21)
- C'est pour cela que chaque église doit déployer son grand effort en assistant les nécessiteux de la population chrétienne et non chrétienne.

- Pourquoi avons-nous rédigé ce texte ?

➢ Vous et moi, sommes tous conscient que plusieurs de nos églises sont en régression ; après le diagnostic, nous avons trouvé quelques mobiles qui font chuter l'Eglise, notamment :

a) Le manque et la faible implication des membres laïcs et des pasteurs dans le ministère global de l'église.
b) Désengagement de nos membres et de nos pasteurs
c) Le patronalisme prime dans l'église
d) L'immoralité de responsables « Pasteur et Laïcs »
e) Dislocation de l'appareil administratif, c'est-à-dire la violence des administratifs de l'église, la régression de l'administration et la division violente des groupes au sein de l'église.

- Pourquoi y – a –t – il la désobéissance au niveau de l'église ?

➢ Manque de véritable foi
➢ L'impunité au niveau de l'institution,
➢ mécontentement ou réaction contre un système.

- Pourquoi y – a – t – il des conflits sociaux dans l'église ?

➢ Despotisme « c'est-à-dire le pouvoir absolu et arbitraire des dirigeants dans l'église ; parfois l'autorité déborde plus que celle de la Bible
➢ Népotisme « c'est-à-dire favoritisme de celui qui tient le volant de l'église à l'égard de ses frères et de ses amis « ; Dans cette même ligne, la cupidité et me gestion entrainent les conflits.

Conclusion

Après ces observations, nous avons trouvé bon de faire ce petit live, intitule" Mission de l'Eglise" dans la vie pratique du chrétien.

Dans ce livre nous nous limitons que sur le désagrément ou la démission de l'église face au devoir que le Seigneur Jésus Christ recommanda à celle-ci (Matt 28:19-20).

- Ces écrits sont en deux parties

1ère Partie : Il s'agit de l'église Chrétienne en générale sans dénomination

2ème Partie : Concerne l'église Méthodiste Unie d'une manière particulière.

Cette adresse est écrite dans un langage simple et facile même aux frères et sœurs de tous horizons scientifiques.

1. LA CHUTE DE L'HOMME

Le Seigneur Dieu créa toute chose agréable et magnifique, mais l'homme désobéit à son Créateur, et cette désobéissance l'a éloigné de la face du Plus Haut, l'homme s'est vu totalement perdu, et sombra désormais dans le malheur, nageant dans le noir chagrin qui le renda physiquement, psychologiquement et psychiquement malade et mortel.

L'homme reconnaissant sa culpabilité, chercher chaque fois les voies et moyens pour sortir de son malheur, mais il n'a connu que des gros échecs ; il a fallu que Dieu lui-même cherche l'homme perdu et lui parle (Heb 1:1-5).

Voilà ce que nous appelons Révélation générale de Dieu à l'homme perdu. C'est Dieu lui-même qui a fait de nous ses enfants et qui nous a purifiés de tout péché. Parfois il y a toujours de fausses interprétations de certains théologiens qui profanent que les génies «comme satanique ».

Disons alors que Dieu seul, est l'auteur de la mission que l'église doit exercer ; à travers Jésus Christ que nous considérons avec beaucoup d'estime comme premier missionnaire ayant quitté le trône Céleste vers le monde.

Par la voie de Jésus Christ, l'homme trouve le moyen pour s'approcher de son Créateur et nouer une véritable relation avec lui.

Cette relation de connexion avec Dieu est appelée". Le vocable latin Religar, signifie Relier ou lier de nouveau ; "les génies" que l'homme cherchait dans l'eau, près des arbres n'était pas satanique, mais représentaient Dieu Créateur.

On affirme que Dieu par sa miséricorde s'est proposé de sauver l'homme (Jean 3:16) ; (Héb 1 : 1 – 5).

Quand nous lisons l'épitre aux hébreux, il nous est important de réfléchir tout d'abord sur la Révélation générale dont certains théologiens interprètent mal ; parfois ils confondent les génies avec les esprits de morts, qu'ils qualifient de sataniques et démoniaques.

Lorsqu'on parle à plusieurs reprises et plusieurs manières, même si l'épitre est adressée aux hébreux chrétiens de l'époque, nous savons que dans nos milieux il y avait des manifestations dans plusieurs endroits tel que sur les montagnes et dans les cours d'eaux : Kafumwe dans le Lac – Kabamba, dans la chefferie de Mulongo ; Mutonkole dans Lac – Kisale, chefferie Kinkodya ; Nkulu – Kilumba dans le Lac Boya à Buandu dans la chefferie Kabongo ; Kaodi sur la coline du même nom dans la chefferie lubembeyi ; Nkulu – a – Manyinga dans le Ruisseau de Butombe , dans la chefferie Nkulu. Dans ces endroits les génies se manifestaient pour répondre aux préoccupations des hommes dans chaque régions, ceux-ci, ne sont pas à confondre avec les « esprits de morts ».

Dans la conception présente les prêtres [ceux qui servaient de lien entre les génies et la population] des endroits en question, ils ne pouvaient pas mener la vie mondaine ; 6 jours avant les cérémonies, il était interdit aux prêtres de s'approcher même leurs épouses dans les relations d'intimité. Presque toutes les lois et règles dites Mosaïques étaient observées par eux. Un prêtre de l'époque ne pouvait même pas être en acte intime pendant la journée, il n'est donc pas bon de diaboliser le tout.

Voilà donc que les premières relations entre Dieu et l'homme sont rétablies ; Dieu lui-même parle à l'homme par plusieurs voies comme les saintes écritures nous le disent (Héb. 1:1 – 4). C'est une véritable révélation générale.

Voyons dans quelques textes bibliques (Jn 1:1 ; 14 – 18 ; Gen 1:3 – 14). Tous ces textes parlent que d'un meme mot « Parole» ; Il est écrit que cette parole était avec Dieu, et que cette même parole était Dieu.

Après avoir lu le livre d'Apocalypse (22 : 1 – 14) ; vous conviendrez avec nous que Dieu est Alpha et Omega « Il est Eternel, Source sans fin ».

Découvrir Dieu, c'est découvrir le Seigneur Jésus Christ, car, ils sont « Un ».

- Dieu le père = Créateur « Origine de toute Créature »
- Dieu le fils = Sauveur « Rédempteur de nos péchés »
- Dieu le Saint Esprit « Consolateur et notre Guide »

➢ Cette parole « bonne nouvelle signifie l'Evangile ; ce terme ne désigne jamais Un livre, mais « Un message».

La bonne nouvelle que Christ et ses disciples ont annoncée est appelée Evangile de Dieu (Rom 1 :1, I Thes 2 :2 et Eph 6 :15 – 17). C'est pour cela que chaque chrétien à tous les niveaux doit être le Messager de la bonne nouvelle de Jésus Christ fils et de Dieu.

Ce terme Evangile était souvent employé aussi par des Rois et d'autres Responsables pour l'envoi des Communications (Gen 32 : 3 – 5 ; Nombre 20 : 14 – 17) ; Juge 7 : 24, I Sam 19 : 11 – 21 ; Matt 25 : 41). C'est au début du christianisme que ce terme a eu un autre sens qui est celui de Salut du monde entier.

Qui doit exercer le ministère de la bonne nouvelle ?

Il y a 4 catégories de Proclamateurs de l'Evangile.

Pour la mission de l'Eglise, la bible nous donne quatre catégories distinctives des proclamateurs « Messagers » de l'évangile : (Eph 4 : 7 – 11).

1°) Apôtre : Luc 9 : 1 – 6 ; Matt. 10 : 2 – 42) Jésus Christ choisit les douze disciples pour prêcher l'Evangile ; par extension, ces gens propagent la Foi chrétienne.

Le ministère de 12 a été fondamental auprès des Juifs, des Samaritains et Païens qui vivaient dans la Palestine actuelle et en Israël (Jean 13 : 16 – 19 ; Actes 1 : 21 – 22 ; 8 : 1 – 5). Jésus Christ donne l'ordre aux serviteurs de Dieu d'aller proclamer l'évangile dans le monde, jusqu'aux extrémités de la terre ; même si le monde Juif et Païen de l'époque se limitait au proche et moyen orient actuel et une partie de l'Europe, mais cette bonne nouvelle est à la portée du monde entier.

Les 70 disciples (Luc 1 : 20) avaient été désignés et envoyés pour un temps sans toutefois être reconnus comme conducteurs spirituels ; Seuls les douze Apôtres sont reconnus par le commandement final du Seigneur avant son élévation vers le trône du père (Matt 20 : 18 – 20).

Il est à noter que chaque croyant doit se mettre au service de Dieu, c'est-à-dire prêcher et enseigner la bonne nouvelle. La position de responsable dans l'église n'est pas reconnue ; Seuls les douze Apôtres sont considérés comme fondement de l'église. (Matt 16 : 18 – 19 ; Jean 20 21, Eph 2 : 20 ; I Cor 12 : 28).

Nous sommes tous appelés à proclamer la bonne nouvelle de Jésus Christ, fils de Dieu.

2°) Prophètes :

Ceux qui sont chargés de d'édifier, d'exhorter et de consoler « les chrétiens » (I cor 14 : 3 – 4).

Les prophètes sont des hommes suscités par Dieu pour rappeler au peuple ses voies, leur mission est de rappeler les vraies priorités et d'insister sur l'exigence première de Dieu « l'Obéissance à ses commandements et une vie selon ses normes ».

Le mot Prophète signifie Appelé de Dieu, avec la tâche bien précise ; celle de proclamer son message, l'Appel de Dieu n'est pas une invitation, mais une désignation.

Le Seigneur prend Amos pour faire de lui un Prophète pour son peuple (Amos 7 ; 15) ; ce terme fut parfois traduit par le mot voyant, c'est-à-dire celui qui est inspiré par Dieu. Le prophète joue un rôle particulier ; le pouvoir d'un prophète n'était pas hérité comme celui de Prêtres du temps Juifs, mais au cas des prophètes, c'est un établissement, une relation directe avec Dieu.

Un prophète est une personne que Dieu lui-même revêt de son autorité pour instruire les hommes et leur communiquer sa volonté.

Instution du prophétisme

L'Eternel lui-même a promis de susciter dans son peuple (élu) des hommes et des femmes capables de dire avec autorité la totalité de ce qu'il leurs aura commandé (Deut 18 : 18 ; Act 3:22 ; Juge 4 : 4 – 14 et 5 : 7 – 12).

Dans ce sens, Prophète signifie l'Interprète, le héraut, celui qui parle ou qui annonce les évènements à venir.

Les textes hébraïques confèrent à Abraham le titre de prophète (Gen 7 : 1) Dieu s'est révélé à lui et Il a communiqué avec Lui (Gen 15 : 1 – 18).

Aaron porte-parole de Moïse est appelé son prophète (Exode 7 : 1 ; 4 :6).

Chaque chrétien doit comprendre qu'il est porte-parole de l'Evangile auprès des autres ; il est voyant, même si l'on ne parle pas beaucoup aujourd'hui dans l'église du mot prophète comme un don existant ; mais l'église et ses membres doivent accomplir toutes les fonctions qu'exerçaient les prophètes Juifs et ceux de l'église primitive.

3°) Evangéliste

Dans la Grèce contemporaine et dans l'A.T le mot Evangéliste désignait quelqu'un qui annonçait une victoire ou qui publiait le message (Psaumes 68 : 12).

L'Apôtre Paul considère qu'evangéliser est une tâche essentielle de son ministère et celle de l'église toute entière (Rom 1 : 15, 15 : 20, I Cor 1 : 17 ; 9 : 16 – 18 ; II Cor 10 : 16).

Nous pouvons dire alors que les Evangélistes sont des gens pleins d'amour et de puissance pour annoncer la bonne nouvelle ; ils doivent être qualifiés pour bien gagner les âmes au Seigneur.

Un évangéliste doit comprendre qu'il est Soldat et que sa tâche est difficile en sauvant les Otages de Satan ; il est donc demandé à chaque Responsable de l'église locale, tout comme aux hauts responsables des églises de bien former leurs évangélistes, sans pour autant oublier de les soutenir avec les biens tels que les traités bibliques, les livres de cantiques, sans négliger les soutiens spirituels en prière.

La finance est aussi priorité dans ce ministère de la parole ; vous trouverez dans certaines paroisses on néglige ce ministère, parfois le choix des évangélistes n'est pas bon.

Quand il s'agit de chercher un évangéliste, ou désigner un évangéliste, on choisit ou on désigne une personne sans bagage biblique pour bien interpréter la bible.

4°) Pasteur et Docteur

Lorsque nous parlons de ces deux ministères sachons qu'il s'agit d'une même personne exerçant deux fonctions à savoir : La fonction de la Bergerie d'une part et celle de l'enseignement d'autre part.

De quoi s'agit-il ?

La réponse est très claire le Pasteur s'occupe de l'église locale et l'autre, Docteur ne reste qu'à l'enseignement des textes bibliques et autres.

a) Pasteur « berger »

Le berger est un responsable pour lequel toute brebis perdue doit être justifier sans cela, une taxe lui sera obligée ou une restitution (Gn 31 : 39), cependant le pasteur répondra devant le Seigneur pour la perdition d'une brebis. Un bon berger donne entièrement sa vie pour les brebis et il doit obligatoirement les connaitre.

Le pasteur au niveau de l'église vis-à-vis des brebis de Dieu, il est intendant, surveillant ou berger.

Le terme pasteur désignait autrefois ancien ou évêque ; version véritable sens, serviteur (Luc 15 : 17). Dans la version Louis Second révisée dite la Colombe, on parle de l'ange « Apocalypse 2 : 1- 3) on revient toujours sur ce terme ange.

Un gardien de vache «bouvier» est différent d'un gardien des brebis « berger » un berger à une grande tâche et délicate ; car parmi toutes les bêtes domestiques aucune n'est très compliquée qu'un Mouton.

Mouton

1. Une bête très fragile, elle se fracture rapidement
2. Une bête très sale
3. Une bête qui se perd facilement

Alors le gardien dit berger doit avoir toujours l'esprit de patience à bien supporter toutes les bêtises et saleté du mouton ; c'est pour cela Christ dit : Moi, je suis le bon berger. Le bon berger donne sa vie pour ses brebis (Jean 10 : 1, Luc 15 : 4 – 6).

Dans tous ces textes, il s'agit d'une grande tâche du berger responsable, capable de secourir et protéger chaque brebis perdue, même si elle est dans un état de saleté.

Voilà cette interpellation vise plus ceux qui sont responsables des paroisses locales, regardons-nous, pesons-nous maintenant car, le miroir et la balance sont devant nous dans ces écrits.

L'Attitude du Pasteur

Le ministère du Pasteur dépend de son caractère et de son attitude, chaque pasteur doit manifester un bon caractère en plus, son attitude doit être positive devant les brebis dont il est responsable.

1ère Avant tout " l'Amour " doit primer envers les brebis du Seigneur Jésus Christ ; Pasteur étant Lumière et Modèle dans sa paroisse, doit manifester l'Amour envers ses membres de l'église et les non-membres, de son quartier ou de son village.

Sans amour il ne peut gagner les âmes, ni plaire à Dieu qui est le propriétaire de l'église (Psaumes 23:5).

2ème Sainteté

Il est indispensable que le pasteur mène une vie saine selon les écritures ; il ne doit dire que la vérité, l'honnêteté doit être son arme dans sa vie, car tout son village le considère « Représentant du Christ ».

3ème Courage et Zèle au Travail

Un pasteur doit être courageux et zélé dans l'œuvre du Seigneur (Rom 12 : 8 ; Jér 25 : 3 – 4). Il n'est pas juste qu'un serviteur de Dieu reste au lit pendant que ses paroissiens se lèvent de bon matin pour aller au travail. (Prov 6 : 9 ; 10 : 4 ; 20 :4).

Pasteur étant lumière et modèle pour les habitants de son village ou de son quartier, il est obligé de travailler avec beaucoup de courage et avoir un cœur de zèle, car il doit être artisan de développement dans son milieu.

Prêcher, visiter, prier ; il ne faut pas oublier les charges pastorales. Les membres de la paroisse dont il est responsable ont droit à l'encadrement spirituel et matériel de sa part.

4ème l'Ordre, Propreté et Ponctualité

La maison d'un serviteur de Dieu doit être en ordre et propre, étant modèle et lumière de son quartier ou son village, le pasteur doit mettre chaque chose à sa place et la propreté doit régner dans sa maison, sans pour autant oublier l'immobilier et toute la parcelle.

Que les documents administratifs soient mis à jour ; certains serviteurs de Dieu sont devenus paresseux et négligeant.

La ponctualité est un point de grande valeur dans la vie pastorale ; les heures d'entrée et de sortie au culte doivent être respectées.

Chaque rendez-vous avec un de ses paroissiens, soit honoré sans faille ; le service spirituel exige non seulement une somme d'expérience, mais encore un caractère digne d'un véritable serviteur du Plus Haut. Ces trois caractéristiques, ordre ; propreté et ponctualité ; sont d'une grande importance pour l'église locale.

5ème Stabilité, Mesure des paroles

Une autre qualité indispensable au serviteur de Dieu, est la stabilité dans ses raisonnements ; un pasteur doit faire attention de peur qu'il ne soit handicapé dans sa tâche, parce qu'il parle trop et non-sens.

Il lui est donné d'avoir l'esprit d'écoute et d'analyse avant de parler. Que chaque parole soit contrôlée (Prov 13 : 1 – 3 ; 15 : 1 – 2 ; 1 : 6 – 8 ; Eccl 5 : 3 ; Matt 16 : 1 ; Marc 14 : 6 ; Jacques 3 : 1 ; I Tim 3 : 8 ; Eph 5 : 4).

Voilà ce que la vie d'un berger doit être pour qu'il ait un bon rendement digne ; et surtout pendant le culte.

Pour qu'un pasteur ait une efficacité dans son travail ; doit améliorer les méthodes de travail et simplifier chaque chose ; qu'il fasse l'analyse du travail dans toutes ses dimensions : Développement ; finance ; conseil d'administration ; tribunal, évangélisation ; etc.

Composez une équipe à chaque point

Quelques conseils fondamentaux

- Pasteur digne et responsable doit avoir l'esprit de collaboration avec d'autres personnes.

a) Agissez comme vous voulez que les autres agissent pour vous,
b) Soyez juste devant tout le monde,
c) Soyez sévère quand il le faut, mais pas dans la colère ni dans le ridicule
d) Chaque changement de responsabilité de chacun, doit être expliqué et informé bien avant à la personne concernée de l'équipe,
e) Chaque responsable doit être informé comment il peut améliorer son travail.

Bref : Un berger ne doit jamais être agité et troublé à n'importe quel mouvement.

b. Docteur ''Enseignant''

Docteur est un enseignant et interprète de la parole de Dieu ; personne qui expose systématiquement toutes les vérités de la parole de Dieu en donnant à chacune d'elle le sens qui la convient.

L'enseignement de la parole occupe la première place dans (Luc 2 : 46 ; 7 : 30 ; Jean 3 : 2 ; I Tim 2 : 7 ; II Tim 1 : 11).

Lorsque nous parlons de « didaskalos » terme grec qui signifie l'enseignant de dogme du christianisme c'est celui qu'on appelait « Docteur de la loi ».

Notre préoccupation est surtout limitée dans le sens chrétien ; quand nous parlons du terme docteur, il s'agit d'un Maitre.

Ce même terme s'employant aussi ailleurs pour traduire un mot tout différent équivalent plus exactement en français « Seigneur » (Matt 6 : 24).

Le ministère d'enseignement de Jésus Christ est identique à celui de «RABBI » Juifs, ils enseignaient dans les synagogues (Matt 5 : 1 ; Marc 1 : 21 ; Luc 5 : 6, Marc 9 : 35). Jean Baptise était également Rabbis (Matt 9 : 14 ; Luc 3 : 12).

Nous concluons que les docteurs sont des serviteurs de Dieu consacrés à l'enseignement de textes bibliques ; ils sont chargés de la formation des pasteurs et des évangélistes. La vie d'un docteur doit être digne pour qu'il ne soit considéré faux docteur (II Pierre 2 : 1).

Chaque serviteur exerçant ces ministères, est demandé de refléter l'image du Seigneur Jésus Christ ; chaque docteur est obligé de vivre ce qu'il enseigne selon les recommandations de Jésus Christ.

BUTS DE CES QUATRE MINISTERES

Les buts de ces quatre ministères faisant l'objet de la mission de l'église au monde se résument comme suit :

1) Perfectionner les saints « les mis à part du Seigneur doivent arriver à la pureté, même s'ils ne parviendront pas à la sainteté comme Christ, mais qu'ils évitent les actes mondains. Dans l'A.T même les matériels étaient consacrés à Dieu (Lev 27 : 14 – 18 ; Nombres 8 : 17).
2) Edifier l'église

- Les chrétiens doivent être adultes spirituellement; une église qui n'est pas active est morte, le Seigneur ne l'apprécie pas (Apol 3 :16). Il faut que chaque membre de l'église grandisse en esprit et en vérité
- En arrivant à cette édification, il faudra que l'église et son pasteur s'impliquent fortement et dignement comme chrétien né de nouveau.

3) Faire parvenir l'église à l'unité de l'Esprit de la foi

- Il est demandé au pasteur de sonder leur Foi, cette situation exige la véritable conviction du pasteur sur la foi en son maître Jésus Christ sans cela il y aura décadence spirituelle au sein de l'église.

La seule Foi en Jésus Christ est importante rien d'autre qu'en lui seul. Dans la dimension de la foi évitez le tâtonnement comme un pasteur à toujours dit « il n'y a pas bon chrétien et mauvais chrétien ; on est soit chrétien ou bien on ne l'est simplement pas».

4) Faire parvenir les membres à la connaissance du Fils de Dieu

Plusieurs interprétations ont été faites au sujet du Seigneur Jésus Christ, les uns tout comme les autres doutaient de sa divinité, et il fut considéré simple personne.

Voilà pourquoi Christ Jésus appel les pasteurs, évangélistes et docteurs dans le but d'informer les chrétiens, qu'il est le Fils du Dieu vivant.

Il n'y a toujours même les chrétiens d'aujourd'hui qui continuent à douter la divinité du Christ comme ceux de l'époque de l'église primitive ; même les responsables du temple Juif ignoraient et s'opposaient aussi que Jésus Christ n'était pas Fils de Dieu, c'est seulement après qu'ils ont acceptés.

5) Faire parvenir l'église à l'état d'homme complet

Un chrétien doit être stable d'une façon forte sans cela, il restera toujours chrétien flottant à tout vent comme la bible le dit (Ephésiens 4 : 14). Il est donc de la responsabilité du pasteur d'éduquer les chrétiens de sa paroisse d'être stable dans la véritable Foi dans trébucher.

6) Faire parvenir les chrétiens à la mesure de la stature parfaite de Christ

Les chrétiens doivent croitre et refléter l'image de Jésus Christ «Etre géant spirituel ». Jésus Christ était parfait, tout celui qui le suit, doit le ressembler.

Il est demandé au pasteur de nourrir spirituellement les chrétiens de sa paroisse ; c'est-à-dire, organiser des séances d'études bibliques ; multiplier les enseignements, car l'enseignement et les prières sont indispensable dans la vie de l'église et de tous les membres.

Remarques :

Lorsque ces six buts sont atteints par ces quatre ministères, nous aurons dans l'église deux fruits pratiques :

1) Les chrétiens ne seront pas les enfants flottant à tout le vent de doctrine qui n'est pas chrétien (Eph 4 : 14).
2) Les chrétiens ne sont jamais emportés par des faux enseignements qui sont contraires à celui de Jésus Christ, fils de Dieu.

Alors si l'église a une responsabilité d'atteindre ces six buts ; il faudra que chaque chrétien se sente vraiment impliquer dans cette mission de l'église.

MISSION DE L'EGLISE

Christ dans le monde

Nous avons vu que Dieu lui-même par son fils, s'est fait missionnaire auprès du monde entier pour ramener l'homme perdu.

- Christ fut messager de Dieu au monde
- Christ fut 1er missionnaire venant directement de Dieu

Le N.T nous plonge alors dans une activité missionnaire ; même si l'ordre a été donné aux douze disciples, mais cet ordre concerne aussi les chrétiens du XXI siècle.

a) Mission généralisée « Paul aux païens »

Pour bien faire une mission, il faut être conscient et convaincu de l'objectif de la mission, cette situation exige le contact direct et permanant avec Dieu.

Dès sa conversion, Saül était en contact avec le Seigneur, il était convaincu du message qui lui avait été directement annoncé par le Seigneur.

Après être en contact avec Jésus Christ et convaincu, l'Apôtre se mis à propager le message dont le maître lui-même donne l'ordre (Actes 9 : 13 – 19).

La parole du Seigneur reçu par Saül, qui a son tour commence à la transmettre aux autres (Eph 2 : 1 – 22). Dans tous les trois voyages et épitres de Paul, nous trouvons que l'évangile de la parole et dans la vie pratique de la chaine apostolique (Rom 1 : 1 – 12 ; Eph 5 : 3 – 6 ; II Corr 3, 1 – 3).

Apostolat de Paul :

- Avant que Paul soit itinérant pour l'apostolat avec Barnabas, le Saint Esprit révéla aux prophètes de l'église d'Antioche de les mettre à part pour l'œuvre à laquelle Dieu les appelait (Actes 13 : 1 – 5).

3 Buts poursuivis dans l'œuvre missionnaire

1er Convertir les non-croyants

2ème Implante l'église

3ème Glorifier et manifester la grâce de Dieu

b) Mission occidentale en Afrique

1ère Mission chrétienne en Afrique (Matt 28 : 19 – 20)

Ce texte montre deux choses :

C'est l'église elle-même qui est appelée à l'œuvre missionnaire dans le sens de la fondation d'une église.

L'église a une vocation missionnaire, il faut donc comprendre que chaque appelé du Seigneur a une mission d'apporter l'évangile à ses prochains non-convertis.

Voilà pourquoi nous parlons de la mission de l'église et l'église en mission. Un des serviteurs de Dieu, Henry Venn secrétaire de la société de mission Anglican en Angleterre dans ses écrits en 1851 et en 1861, il dit : « la création d'une église indigène est nécessaire, mais il faut que l'œuvre missionnaire ait un support local.

Il veut dire que les missionnaires étrangers ne doivent pas rester sans successeurs locaux après avoir implanté une station missionnaire ; ils doivent quittés pour en fonder une autre. Dans cette situation la responsabilité revient aux noirs eux-mêmes.

De son côté Roland Allen missionnaire Anglais en Chine dit « si l'église occidentale veut continuer à s'occuper de l'église locale, elle doit le faire comme une mère qui apprend à son enfant à marcher et qui doit petit à petit retirer sa main pour donner la possibilité à son enfant de faire sa volonté.

Nous voyons ici, l'idée presque de faire une mission de multiplication au lieu de rester comme l'eau stagnante dans un puits. Son idée de quitter la mission parce qu'on est étranger n'a pas été acceptée.

C'est sur cette base que l'Africain devait déjà prendre des précautions de se maintenir et se prendre en charge, sinon il tombera dans une situation chaotique, tout en restant toujours la main tendue « mendiant » aux églises occidentales !!!

L'église africaine doit vouloir ou pas se prendre en charge, la situation de main tendue c'est ce qui fragilise la politique africaine, qui fait que nos pays restent toujours aux multiples critiques et subissent beaucoup des sanctions et mépris de pays, sollicités pour les assistances ; mendiants n'a jamais été respectés.

En mendiant plusieurs se font exilés-politiques et les pays d'accueil deviennent des arbitres et contrôleurs de pays mendiants sans pour autant connaitre la réalité de leurs exilés soit disant exilés politique.

Mission occidentale

Nous sommes conscients qu'à l'époque coloniale les occidentaux ont été largement majoritaires dans des responsabilités au niveau de toutes les églises ; ils occupaient tous les postes et la proclamation de l'évangile ne se faisait qu'avec influence de leur culture et le mépris de l'homme évangélisé.

1) L'évangile n'était orienté que par les colonisateurs ; la mission de l'église a été en moitié service secret de l'Etat, lors de la confession des péchés de l'homme noir. La déontologie pastorale n'était pas respectée ; de quoi s'agit-il ici ?

- Un chrétien noir était mis aux travaux forcés en cas d'une transgression de la loi divine ; soit être fouetté, soit être isolé sans partager le repas avec les autres chrétiens ; ou bien couper les bois de chauffage pour la cuisine des missionnaires – blancs.
- Le chrétien en question ne pouvait jamais entrer dans la maison d'un missionnaire blanc, malgré qu'il est son pasteur, seul le domestique pouvait entrer sans chaussure.
- Pour étancher sa soif chez un missionnaire blanc, il fallait une boite de conserve vide pour servir ce chrétien pour que le missionnaire ne soit pas contaminé par cet homme africain qui était soupçonné avoir toutes sortes de maladies.

2) Chaque dialogue d'un missionnaire avec un chrétien africain, se passait toujours à l'extérieur sur les escaliers de la maison du missionnaire ; cette situation était arrivée parce que l'africain fut considéré voleur, une personne souffrant des maladies transmissibles et dangereuses à la santé du missionnaire.

Même le domestique n'était pas autorisé d'utiliser le verre de la maison de son patron pour boire de l'eau ou du café ; disons alors que l'amour du prochain n'existait pas entre le proclamateur de l'évangile et son évangélisé.

Remarques

Nous trouvons ces abus, même aujourd'hui parmi les successeurs africains vis-à-vis de leurs frères noirs.

Une autre situation, plusieurs paillottes sont érigées à côté du domicile du pasteur, soit sous l'arbre se trouvant dans la parcelle de ce missionnaire local ; cette situation n'est pas différente de celle qui est évoquée sur la mission occidentale de l'époque vis-à-vis de l'africain.

Autre chose considérable c'est ce que certaines berges abandonnent les brebis et s'occupent à autres occupations au lieu de s'occuper des brebis en question.

Ces jours, beaucoup de pasteurs ont démissionnés à leurs responsabilités pastorales ; or la vocation dite pastorale oblige la présence permanente de celui-ci ; mais à savoir l'absence prolongée d'un berger entraine des conflits parmi les chrétiens autrement appelés brebis, c'est comme une chaloupe sans pilote qui terminera sa course contre une roche dure, et tous les passagers à bord sont noyés, il ne reste qu'à ramasser les corps sans vie , et en état de décomposition ; et d'autres encore leurs entrailles saccagés par des tigres requins. N'oublions pas que nous avons des comptes à rendre au Seigneur, qui est le propriétaire de l'église.

Conception de l'homme noir

a) Après beaucoup des temps, l'homme noir est resté fataliste, découragé lui qui a été créé à l'image de Dieu comme l'homme blanc et qu'ils sont tous sauvés et appelés de Jésus Christ, pour annoncer l'évangile ; mais il pensait que le service divin « devoir chrétien » n'appartenait qu'aux occidentaux (1ers proclamateurs).
b) Dans beaucoup d'églises en Afrique, parler d'une mission on songe toujours à un missionnaire blanc, qualifier un noir comme missionnaire, beaucoup de questions sont posées.

- Cet homme a – t – il de véhicule ?
- Cet homme a – t – il de l'argent pour construire ?
- Cet homme a – t – il de vêtements usagers pour aider les pauvres ?

Pour répondre à toutes ces questions disons alors que cette conception n'est pas juste ; c'est un danger qui aboutira à bloquer la mission dont Christ a donné l'ordre à tout croyant d'hier et d'aujourd'hui (Matt 28 : 19 – 20). Pasteur, laïc de toutes les églises, sachons bien : Etre Eglise signifie Etre Missionnaire.

Evitons cette façon de limiter « étouffer » psychologiquement, entraîné par le mépris du chrétien proclamateur de l'époque et d'aujourd'hui ; jetons des fleurs à tous nos frères africains qui prennent en charge leurs églises locales, sinon on risquerait d'être enfant à la main tendue à l'occident comme un missionnaire Belge disait « l'homme noir est un frère ; mais il est toujours comme petit frère qui reste à la responsabilité de son grand frère qui fait tout et qui décide de tout ».

Concluons ainsi, le devoir missionnaire n'appartient pas seulement aux chrétiens occidentaux qui nous ont apporté l'évangile de Jésus Christ, mais aussi aux chrétiens de toutes les églises en Afrique et ailleurs.

Nous voulons dire ici, qu'il y a deux sortes de missionnaires :

1) Missionnaires étrangers
2) Missionnaires locaux

Qui sont envoyés ? Tous les chrétiens blancs et noirs

Par qui sont – ils envoyés ? Par Jésus Christ

Vers qui ils sont envoyés ? Vers les peuples de tous les cinq continents

Avec quel but ? Annoncer à ces peuples la bonne nouvelle concernant le salut du monde entier (Luc 2 : 10 – 12).

Remarques

Pour mieux accomplir la mission de l'église, il faut que l'église examine tout d'abord la Foi, la vocation et la qualification des serviteurs qu'elle veut affectée au service ; surtout la conviction à l'évangile.

Toujours dans le cadre de la mission étrangère ; il y avait deux types de missionnaires :

a. Mission évangélique selon Matt 28 : 19 – 20 ; c'est-à-dire véritable mission, l'envoyé est tout d'abord né de nouveau, il comprend lui-même le bienfondé de l'évangile.

- Il est convaincu de la parole, il se sent responsable de transmettre aux autres le message du salut promis pour le monde entier « l'amour de Dieu pour sauver l'homme perdu ».

b. Mission touristique

- Certains missionnaires venaient en mission au nom de l'évangile, mais une mission objectif touristique ; c'est-à-dire visiter l'Afrique parce qu'on parle des misères ; pauvretés, etc. vous trouverez souvent une telle mission, l'évangile n'est pas annoncé, pas même le développement; surtout l'orientation erronée des anciens missionnaires.

Nouveau missionnaire suivre le programme de l'ancien ; le nouveau venu est obligé d'écouter que l'ancien, sans cela, il sera renvoyé.

Dans cette même orientation, tout missionnaire devait avoir auprès de lui 2 ou 3 chrétiens noirs comme agents d'information ; même parmi les missionnaires locaux, cette pratique existe aussi à nos jours.

Mission locale

L'église est l'ensemble de tous les chrétiens qu'ils soient blancs ou noirs, nous sommes tous appelés et envoyés du Seigneur Jésus Christ ; cette mission n'a aucune discrimination raciale ni tribale, nous sommes tous enfants de Dieu.

Transmission de mentalité

Lors des indépendances en Afrique, il y a eu beaucoup des membres de la mission locale qui ont succédé les membres de la mission occidentale comme c'était le cas chez les autorités politico-administratives ; plusieurs réactions se sont multipliées.

1) D'autres africains souhaitait rester qu'avec la mission locale et qualifier d'autre part la mission étrangère étant un paternalisme.

En Afrique le paternalisme est la base d'un vrai Africain, car c'est par le paternalisme que l'homme noir trouve son éducation et la stabilité de sa vie, dans le véritable sens plutôt que dans la conception du contrôle d'une domination politique de l'homme noir, comme il est défini.
Toute expérience de la vie d'une femme ou d'un homme a été acquise par le moyen du paternalisme.

Prenons alors la mission étrangère comme parent-spirituel restons ensemble dans cette lourde mission dont Christ a donné l'ordre.

Paternalisme refusé et patronalisme voilé

L'église doit faire attention dans cette tâche importante qui est bizarrement rendue, certains serviteurs de Dieu en Afrique veulent remplacer ce qu'ils appellent « Paternalisme » par une autre nouveauté que nous qualifions Patronnalisme voilé.

De quoi s'agit – il ?

Il s'agit simplement de l'esprit de domination cachée de plusieurs serviteurs de Dieu qui veulent patronner leurs frères en Christ comme c'était le cas chez l'homme blanc vis-à-vis de l'homme noir.

Un adage Luba dit : Ni sanglier ni lièvre … tous ces deux animaux détruisent les champs, aucun n'est bon ou gentil ; cette réflexion nous donne l'image parmi les missionnaires blancs de l'époque d'une attitude négative, tout comme nos missionnaires locaux vis-à-vis de leurs frères noirs dans l'église actuelle.

Ce qui est important est que l'église et ses responsables reflètent l'image du Christ, en manifestant l'amour et le respect du prochain.

Dans cette situation, il faut même s'efforcer d'être adulte spirituellement, matériellement, car la main qui donne est celle qui décide.

Evitons la me gestion, car elle est aussi la cause de chute de la mission.

Restez ensemble, Nationaux et Etrangers, cela ne signifie pas que l'enfant spirituel reste faible sans produire financièrement et que l'étranger laisse à offrir parce qu'il n'est plus responsable en Afrique.

Ce que l'église locale doit faire

Pasteurs et laïcs, nous avons la responsabilité de soutenir cette église locale avec nos revenus ; donnons nos offrandes, dîmes ; aumônes ; sans oublier toute chose en nature car, l'église occidentale tout ce qu'elle donnait à l'église de l'Afrique c'étaient des dons de membres de leurs églises locales comme nous ; si la mission occidentale n'existe plus en tant que telle en Afrique, la charge revient alors à nous qui sommes membres locaux.

Pasteurs et sa famille

Nous revenons toujours au Pasteur dit « Berger » parce qu'il est au centre de la mission de l'église, car c'est lui qui est le gardien de toutes les brebis de Dieu et qui composent l'église du Seigneur. Le pasteur et sa femme doivent être des modèles non seulement pour les brebis de leur église, mais aussi pour l'ensemble des personnes de leur environnement immédiat et lointain, car Christ lui-même n'a pas été bon seulement pour les habitants de Nazareth mais bien pour tous ceux qu'il a rencontré.

Activité laïque : Ce que les laïcs doivent faire

Les membres laïcs ont le devoir de soutenir matériellement leur Pasteur (I Cor 9 : 14 ; Gal 6 : 6 ; II Tim 5 : 17 – 18 ; Deut 18 : 8 – 19).

- Ce soutien ne doit jamais être obstacle au ministère du Pasteur, sinon cela deviendra que du professionnalisme ou du mercenariat pure et simple qui finalement entrainerait la démission de celui-ci à son ministère suite à l'absence du soutien.

Il ne faut pas même que ce soutien arrive au stade de pousser les chrétiens à se comporter en patrons pasteur, sinon cette situation aboutira à l'étouffement des responsabilités du berger vis-à-vis de la grande mission qui lui est confiée.

D'autre part le choix des économes des paroisses est un grand élément pour les succès ou la chute de l'église locale ; si la sélection n'est pas bien faite ; l'échec de la mission est certaine.

Ici, le pasteur ne doit jamais être imposant au choix des responsables de sa paroisse mais qu'il soit du moins influant.

Dans une communauté chrétienne tout comme non chrétienne, il faut éviter le **despotisme** et le **népotisme** qui entraînent souvent la décadence suivie d'un échec de la mission dans la paroisse ; pour que la mission de l'église réussisse il faut que les membres de chaque église locale contribuent avec leurs revenus en argent et en nature.

Remarques

Pour ce qui est des offrandes, des dîmes, des aumônes et autres dons, le pasteur a un devoir de faire comprendre aux membres de son église l'utilité de tous ces dons ; ceci devra se faire dans un esprit calme et de douceur et non avec violence ; car notre Dieu est bon ; Il est notre père plein de miséricorde et de passion pour nous ses enfants ; qu'il a créé à son image. Il n'a aucune intention de les punir parce qu'ils n'ont pas offert.

Tout ce que nous offrons à l'église traduit notre gratitude pour les bienfaits de Dieu. Frère Pasteurs ne faisons jamais des tortures psychologiques aux chrétiens à propos des offrandes à donner pendant le culte.

Point culminant à ne pas négliger

Frère berger lorsque vous manifestez l'intention de faire la politique, contrôlez vos impulsions liées à l'argent parce que dans la boite où vous vous engagez tout le monde vous considère lumière et modèle, il y a la possibilité de vous confier une responsabilité de gérer les biens publics ; alors une fois vos impulsions de cupidités restent incontrôlées, attention! On vous trouvera la main dans le sac, de biens de l'Etat et finalement suivie des cris et bourdonnements dans le publique comme s'il y a coupure générale du courant.

Faire la politique n'est pas mauvaise chose pour un berger mais étant lumière et modèle, ce dernier doit contrôler chaque déclaration qui sortira de sa bouche ; sinon il va allumer le feu qui consumera le pays et entrainer la mort de plusieurs personnes alors qu'il doit illuminer la politique d'un pays et leurs politiciens.

Dans cette même logique, la mission est avant tout de prier pour le pays et attendre exhaussement de la part de Dieu lui-même. Autre chose que l'église oublie souvent, elle mobilise ses membres à prier pour que le Seigneur fasse sa volonté, mais si une fois le résultat ne tombe pas selon l'ambition politique d'une partie de l'église, vous trouverez que, l'église manifeste directement l'opposition à la volonté de Dieu qu'elle demandait durant plusieurs mois.

Voilà d'où viennent les souffrances des pays africains après avoir demandé que la volonté de Dieu se manifeste ; c'est ici que l'église perd sa lumière au lieu d'être modèle, elle s'embourbe finalement, elle devient flamme de feu parmi les politiciens, elle se devient auteur des troubles politiques accompagné des bains de sang. Quel sera son message à son état de berger, parfois la paroisse devient un enclos des disputes et de batailles entre les croyants, voilà où commence la décadence qui aboutira à un échec de la mission de l'église par lequel un compte vous sera demandé par le propriétaire Dieu. Etes-vous ange de l'église où simple bouvier qui abandonne les brebis et crée des troubles, tout en laissant la mission que christ vous a confier.

Pour finir cette première partie, disons que l'église a pour mission :

- Evangéliser le monde sans aucune discrimination ;
- Edifier les chrétiens déjà convertis ;
- Assister tout le monde matériellement, moralement et surtout spirituellement. C'est pourquoi l'église doit accueillir les personnes de toutes les tendances confondues avec un seul objectif, leur transformation en chrétiens car Jésus Christ lui-même n'a pas jugé le monde mais il a plutôt montré le modèle que l'Homme doit suivre. Ainsi, l'église doit aussi montrer le chemin qui mène à la vie éternelle et non se faire juge du monde et surtout pas nous bergers.
  Il est également à noter que tout responsable de l'église a comme objectif de rappeler à chaque croyant de son église, que chacun d'entre eux tienne très fort à la mission que Jésus Christ a donné, celle de chercher l'Homme perdu suite la désobéissance de ce dernier. Cette désobéissance qui engendra la souffrance et la mort de l'Homme et de toute sa descendance, mais Dieu dans sa miséricorde et son amour infini pour lui, s'est donne de le ramené par la voie de son fils, Jésus Christ qui a été crucifie pour le salut du monde.

PARTIE 2: EGLISE METHODISTE UNIE

L'église Méthodiste Unie est une communauté chrétienne, elle a donc pour base « JESUS CHRIST» et pose sa Foi en lui. Comme toutes les autres communautés chrétiennes, elle rappelle aux fidèles de s'accrocher aux valeurs bibliques car Christ lui-même n'a pas remis en cause le moindre principe biblique.

Proclamer Jésus Christ à toutes les nations comme Seigneur et Sauveur du monde est l'objectif de tous les méthodistes en mission de l'église dans le monde.

Pour sa bonne marche, cette église a aussi une hiérarchie, des principes qui facilitent la régulation de l'ordre parmi les membres, il s'agit ici des pasteurs et laïcs.

Pourquoi nous avons écrit cette partie du livre ? Pour rappeler aux dirigeants de notre église de travailler sur les documents de base dans la gestion de l'église « livre de doctrine et discipline de l'église» et ainsi, faire comme un renforcement des capacités de nos pasteurs et laïcs et que ces documents soient multipliés, révisé et mis à la portée de nos membres comme documents de référence.

I. Membres et hiérarchie

Les membres de l'église méthodistes sont différentes catégories notamment : les débutants sont ceux qui viennent à peine de se convertir au Seigneur Jésus Christ, par le biais de la prédication du Pasteur ou par l'évangéliste et éventuellement par un autre chrétien.

- Les catéchumènes : sont ceux qui sont déjà convertis « membres en épreuves » et suivent la catéchèse. Parmi ceux-ci, il y en a sous catéchèse du baptême pour parvenir à connaitre le sens du baptême dans l'église méthodiste. D'autres sont sous catéchèse de la connaissance de la sainte scène « Table du Seigneur » dans l'église méthodiste unie.

Les membres baptisés

Il y en a qui sont baptisés à l'enfance donc avant 12 ans y compris les bébés, d'autres sont adultes, c'est-à-dire baptisés au-delà de 12 ans. Tous les enfants baptisés avant l'âge de 12 ans, doivent passer par la catéchèse (formation) à l'âge de 12 ans.

Cette formation mettra une année ; ainsi, il est anormale de baptiser une personne qui n'a pas été sous la catéchèse pour une durée de moins de 12 mois selon le programme définit par l'église.

Pour être membre de l'église méthodiste unie, les chrétiens venus d'autres communautés chrétiennes, sont censés subir la formation « catéchèse » pour arriver à mieux connaitre la doctrine de l'église; puis être baptiser. Voilà ce qui nous pousse de demander à nos élites et membres didaskalos ensemble de nos quatre diocèses méthodistes unies en RDC de revoir et préparer les matières basées sur la doctrine méthodiste unie comme fondation de la foi des pasteurs et des membres de chaque église locale.

Les membres venant d'autres communautés et ayant déjà été baptisés dans leurs communautés de provenance, ne peuvent pas avoir des responsabilités dans l'église avant leur formation et cela pas avant deux ans quelle que soit leur contribution matérielle, financière et même spirituelle ; cette mesure n'épargne aucun pasteur venant de n'importe quelle institution théologique c'est pourquoi nos évêques et les membres didaskalos doivent veiller sur les institutions qui forment les pasteurs qui sont désignés dans les paroisses méthodistes unies. Et une fois ce pasteur a fait ses études de théologie dans une institution où la doctrine et la discipline ne sont pas enseignées, ce pasteur doit être mis à la disposition d'un pasteur et du surintendant de district pour une formation sur ces matières ; après toutes ces étapes ; l'évêque et le comité du ministère ordonné de la conférence vérifient et contrôlent en évaluant la personne concernée.

- La mission de l'église ne reste pas simplement à la proclamation de l'évangile ; mais l'organisation de l'église est devenue aussi une priorité dans tous le sens :

Organisation des conférences

Chaque conférence doit avoir les procès-verbaux et à chaque réunion qu'il y ait un compte rendu qui servira de trace et de référence pour les choses qui ont été dites et qui ont été décidées par l'assise passée.

- les procès-verbaux doivent être à la portée des pasteurs et des surintendants de districts qui composent la dite conférence ; tous ceux-ci, peuvent se réaliser que par saisie numérique; et les bureaux des pasteurs et surintendants sont des endroits où les étudiants, les pasteurs en formation, ou autres personnes peuvent se ressourcer dans le cadre des recherches.

Dans la mission de l'église méthodiste au Congo, y – a – t – il des traces dans l'organisation des conférences annuelles ?

- Oui car chaque pasteur a droit aux documents de référence pour les années antérieurs. Cependant, nous rappelons aux quatre anges des quatre diocèses du Congo de tenir à la disponibilisation des procès-verbaux pour chaque pasteur et cela à chaque conférence annuelle.

- A chaque fin du qouadrinum, le livre de doctrine et de discipline peuvent être révisé si nécessaire.
- A mes respectueux membres didaskalos de textes bibliques et formateurs des Pasteurs et Evangélistes méthodiste unis en RDC, je m'incline devant vous pour cette cause de doctrine et discipline de notre église méthodiste unie partout au Congo en particulier dans notre conférence centrale dans les quatre diocèses Sud Congo, Nord-Katanga ; Congo Central et Maniema.

Avant de conclure ce point, je m'incline tout d'abord aux anges de nos quatre diocèses méthodistes unis de la République Démocratique du Congo, car ces quatre diocèses sont abondés des docteurs en théologie. Il n'y a aucune raison de rester avec le livre de discipline de l'église non-révisé pendant plusieurs années.

Excellences anges de l'église méthodistes unies en RDC, vous pouvez regrouper nos élites (Docteurs en théologie et autres élites scientifiques) ; qu'ils exposent de manière simplifiée les livres de base de l'église « discipline et doctrine » qui resteront au profit de l'église.

Hiérarchie

Dans l'église méthodiste, au-dessus de l'église il y a l'évêque qui est un premier (pasteur) parmi d'autres pasteurs, il est un ancien qui veut dire, pasteur consacré ; contrairement aux autres églises, ceux qu'on appellent anciens sont par contre appelés économes ; ainsi, il est un ancien parmi d'autres anciens, mais élevé au rang de surveillant supérieur. Il est suivi du surintendant, et d'autres pasteurs; bref, c'est lui qui gère les autres surveillants ou pasteurs. Ce mode de gestion est presque mode militaire, la différence est qu'en service militaire la discipline a toujours été dure et sévère (fouets) ; tandis que dans l'église la discipline est pratiquée avec amour et douceur.

Responsabilités et entités dans l'église

1. **Le pasteur** a la responsabilité d'administrer les cultes et les services liturgiques de l'église locale (Paroisse) ; présider le conseil paroissial. Il est également le gestionnaire direct des agences et départements au sein de la paroisse ; l'entité qu'il gère est donc la paroisse.
2. **Le surintendant** a la responsabilité de soutenir et surveiller les pasteurs de son district; à ce stade le surintendant doit se sentir véritable gérant et responsable de ses collègues intendants mis à sa disposition. Il doit encourager leur croissance spirituelle et professionnelle, mettre en place des programmes qui aident les paroisses à construire et étendre le ministère et la mission de l'église vis-à-vis de la population qui habite leur localité, travaillé en coopération avec les agences appropriées du district et de la conférence annuelle ; promouvoir les rapports œcuméniques, aider l'évêque dans l'administration de la conférence annuelle.

Un surintendant est l'un des membres du cercle de l'évêque autrement appelé cabinet de l'évêque ; les membres qui composent le cabinet de l'évêque doivent avoir des bons comportements et des bonnes attitudes , ils doivent être des bons conseillers dans toutes les activités épiscopales, car c'est avec eux que l'évêque fait des désignations comme ils sont à côté de l'ange de l'église, il ne faut pas se comporter comme Hamann chef de la conciergerie d'Assuérus, sans oublier l'attitude de Jézabel la femme d'Achab au lieu de comprendre qu'une fois être élevé à un rang supérieur, cela signifie la charge d'intervenir en cas de danger qui guette les inférieurs. Très souvent vous trouverez beaucoup sont pleins d'orgueil du pouvoir (Esther 3: 8 – 11, 4:1 – 10 ; I Rois 21: 1 – 29, 22: 1).

3. **L'évêque** :

Il a la responsabilité de la direction spirituelle et administrative de l'église. Il organise les districts suivant son programme après consultation avec membres de son cercle, dit cabinet de l'évêque qui est composé des districts ; et cela après scrutin de la conférence annuelle.

Il consacre les évêques nouvellement élus, les pasteurs et les diacres et il procède juste après la cérémonie d'ordination, à la remise des certificats convenables à ces personnes ordonnées de même aux pasteurs qui viennent d'être ordonnés pasteurs membres en plein temps.

A l'absence de l'évêque, la plénière d'une conférence annuelle peut être présidé par n'importe quel pasteur choisit par ses collègues pasteurs ordonnés, mais la consécration et la désignation des pasteurs ne peuvent être faites par un pasteur ; cette tâche est réservée à l'évêque seul.

Période sensible : pendant la période de désignation et l'ordination, le cabinet de l'évêque doit veiller que le serviteur de Dieu « évêque » ne soit tourmenté par quoi que ce soit, une fois il y a l'urgence, le vice-président ou le secrétaire du cabinet, même le surintendant hôte de la conférence peut intervenir en temporisant celui qui cherche l'évêque.

c) Dans ce même moment l'évêque est en tenue épiscopale, il est comme un soldat en position ; il ne peut se déplacer, nous devons comprendre que l'évêque sur la chaire ou il désigne « envoie » d'autres serviteurs à l'œuvre du Seigneur et ordonne les pasteurs, en ce moment il est souverain sacrificateur, car il est en face de Dieu et de son peuple.

Etapes pour devenir pasteur

Pour devenir pasteur, il faut d'abord être membre baptisé et confirmé de l'église méthodiste unie, par conséquent membre d'une cellule de base d'une paroisse communément appelé Bloc ou classe ; et c'est sa cellule qui va choisir sur demande du pasteur de la paroisse porteuse de la cellule. Cependant ; il faut noter que le pasteur ne le fait pas sur fond de sa volonté, mais aussi sur demande du district, qui n'a pas non plus formulé seul, mais sur demande aussi de la conférence annuelle ayant constaté un besoin en pasteurs.

Ainsi, le choix de la cellule de base sur le candidat à la formation pastorale prend en compte les qualités spirituelles des individus à choisir, car le futur pasteur doit déjà être un modèle au sein de sa paroisse.

Après ce choix de la cellule, le candidat à la formation de pasteur est présent à la conférence de charge appelait autrefois conférence Trimestrielle, le surintendant prend juste connaissance du candidat, c'est seulement à la conférence de district qu'on l'enregistre au comité du ministère ordonné séance tenante.

Puis il sera invité pour passer le concours afin être retenu à la formation de pasteur. Cette invitation lui sera faite par le comité du ministère ordonné de la conférence de district ; s'il réussit, sa candidature sera confirmée à la conférence annuelle.

Ainsi, il subira la formation pastorale et théologique au sein d'une des institutions (école de théologie, école pastorale, ou aux instituts supérieurs et universitaires en théologie), le candidat ainsi formé doit être ordonné d'abord comme diacre à temps plein, puis après deux ans de prestation, il sera enfin consacré comme ancien à temps plein ; c'est à partir de cette étape qu'il devient pasteur à qui on peut donner l'occasion d'être évêque de l'église méthodiste unie ; et pas une autre voie.

Pourquoi toutes ces conditions?

Pour répondre à cette question, la chose est claire, l'église est plus qu'un Airbus transportant plusieurs passagers, une fois si le pilote n'a pas connaissance et la maitrise de l'appareil, la catastrophe et la perdition totale des vies humaines sont certaines, des enquêtes seront dirigées premièrement à l'équipe de la compagnie de transport en question, sans épargner les mécaniciens ; de même pour l'église aucune faute n'est tolérée dans tous les sens : chef de bloc, pasteur de paroisse, surintendant et même l'évêque tous sont interpeler dans nos écrits , nous demandons que chacune et chacun ait son miroir et sa balance pour être sûre de l'état de la mission de l'église. Pour le Seigneur Jésus Christ, la question de chercher des boites-noires des appareils volants en cas d'accident ; le Seigneur voit chaque chose qui se passe dans son église.

Les rencontres

1. **Conférence générale**

Celle-ci est la plus grande et la plus haute rencontre de l'église méthodiste unie elle se tient tous les quatre ans; la délégation à cette conférence se présente comme suit, la moitié est formée des pasteurs et l'autre moitié des laïcs. Ces membres sont élus par les membres des conférences annuelles et conférences de Juridictions pour le continent américain et autres.

La date précise et l'endroit de la conférence prochaine générale sont fixés par la conférence générale précédente, la proposition des membres ou des délégués de chaque conférence annuelle à la conférence générale est définie toujours par cette dernière.

Un délégué élu par la conférence annuelle pour la conférence générale ne peut se voir retirer de la liste des délégués par qui que ce soit, sauf pour raison de procès judiciaires de l'église d'un tribunal, des raisons de sa santé, un défaut administratif, autre raison due aux tests des ambassades éventuellement de sa mauvaise conduite. Tout comme qu'un membre d'une conférence annuelle ne peut être élu ni copté par qui que ce soit pour la conférence générale.

L'inverse de ce qui vient d'être dit dans les phrases précédentes est une violation flagrante de notre discipline et pourtant celle-ci doit être respectée par tous et cela dans son intégralité sans faille.

La conférence générale ne doit priver les pasteurs itinérants pensionnés, handicapés, leurs époux et épouses, tous ceux-ci ont droit à être assister par l'église.

2. Conférence centrale

Tout comme la conférence générale, la conférence centrale se tient tous les quatre ans et à un endroit précisé par les délégués de celle précédente ; le nombre des délégués et respectivement formé d'une moitié par les laïcs et l'autre moitié par les pasteurs.

Elle rassemble plusieurs conférences annuelles ; c'est à cette conférence que les évêques sont élus par un scrutin direct des tous les délégués laïcs et les pasteurs présents.

Les délégués de la conférence centrale votent l'évêque et les résultats sont publiés séance tenante ; et non même 30 minutes après que le comité de dépouillement ait fait son travail, sinon la situation est soupçonnée d'irrégularité et de fraude, cette situation n'est pas agréable même permis les profanes.

C'est également à cette conférence que les évêques sont élus et ordonnés par d'autres évêques ayant leur mendant en cours.

A ceux-ci sont ajoutés quelques délégués du conseil des évêques pour représenter le conseil des évêques, assister aux élections et procéder à l'ordination des évêques récemment élus.

Les évêques délégués membres du conseil des évêques doivent être souples et prudents quand ils accompagnent les conférences centrales dans les élections épiscopales dont le conseil leur a mis confiance pour un bon déroulement ; surtout à l'enveloppe contenant les bulletins des votes de l'assise de la conférence centrale.

Il est demandé aux délégués qui vont à la conférence centrale en sa qualité de délégué effectif, d'être prudent et souple, pour s'assurer de l'état intacte de l'enveloppe sinon, il y a que des disputes qui profaneront la mission de l'église du Seigneur ; quel message lancé vis-à-vis du monde.

C'est encore la conférence centrale qui a le mandat de radier un ou plusieurs membres suivant le processus judiciaire après un jugement ; et si le concerné n'est pas convaincue de la décision du tribunal de la conférence annuelle ; c'est alors que la situation reste à l'intime conviction de la conférence centrale.

3. Conférence annuelle

Contrairement aux deux précédentes conférences, la conférence annuelle se tient chaque année sous la présidence de l'évêque. Les délégués (membres) de la conférence annuelle sont les pasteurs, ils sont accompagnés des laïcs et les deux sont en nombre équitables ; car chaque pasteur est accompagné d'un laïc qui est son délégué.

Les pasteurs sont membres de la conférence annuelle, les laïcs sont leurs délégués ; les laïcs sont élus dans les leurs paroisses respectives afin d'accompagner leurs pasteurs.

Le délégué qui accompagne le pasteur a le devoir de faire rapport des toutes les résolutions de la conférence à sa paroisse. C'est pourquoi le délégué de chaque paroisse doit avoir la capacité de faire la restitution.

Les procès-verbaux reprenant les résolutions de la conférence annuelle doivent être mis à la disposition de tous les pasteurs et leurs délégués et cela au plus tard un mois et l'inverse est une négligence coupable du secrétariat de la conférence et de l'organe supérieur de la conférence.

L'ordination des pasteurs se fait à la conférence annuelle par l'évêque sous un suivi très dense du comité du ministère ordonné ; ce comité doit s'assurer de la conformité de la formation du candidat pasteur mais aussi et surtout de sa bonne moralité vis-à-vis de l'église et de la société en générale.

Le comité du ministère ordonné est composé de deux organes spéciaux selon le cas :

a) Conseil de ministère ordonné s'occupe de donner les conseils aux pasteurs,il ne s'arrête pas seulement aux conseils mais il va loin aux blâmes et aux avertissements.
b) Ce deuxième organe s'occupe du jugement « tribunal » et ses normes ; ce dernier a des procédures à suivre qui demandent du respect de tous.

Pendant la séance de jugement du pasteur accusé, celui-ci a droit à un défenseur donné par l'évêque ; même l'accusé peut solliciter le défenseur de son choix ; mais ceci passe toujours par intime conviction de l'évêque ou par le tribunal.

Dans la situation présente, si le pasteur est trouvé coupable, il est directement suspendu ; il n'y a pas de duré déterminé. Seulement le surintendant de district, verra si ce pasteur manifeste le changement de vie ; de vie chrétienne bien sûr, mais aucune charge ne lui sera autorisée ni donnée par le district.

Le nombre des membres de ces deux organes précités varies de sept à douze, pasteurs et ne peut être en dessous ni au-delà de nombre cité ci-haut.

Il est à noter que le jour de l'ordination du pasteur un certificat d'ordination doit lui être remis par l'évêque séance tenante ; mais le jour du jugement si la sentence tombe négative, ce même certificat doit être retiré par le tribunal, et gardé au bureau de l'évêque et non au secrétariat du bureau ; pourquoi cette insistance ? Sachons bien que dans le bureau de l'évêque se trouvent les documents sensibles, sans oublier les correspondances qu'il fait, y compris les certificats d'ordination. C'est pourquoi, quand un pasteur va à la conférence annuelle, doit toujours avoir son certificat d'ordination.

Il est demandé à chaque surintendant si parmi les pasteurs de son district, s'il y a un ou deux qui auront de procès judiciaire =s qu'ils aient en possession de leurs certificats. L'église méthodiste unie est une des églises grande communauté dans le monde pour la mission de l'église. Ainsi, tout doit être en ordre.

N.B : Dans l'église méthodiste unie, toute décision du tribunal doit être informée à l'évêque ; une fois si l'évêque a l'avis contraire de ce qui est conclu par le tribunal, l'évêque peut demander au tribunal d'atténuer la décision prise pour permettre aux membres à ne pas être frustrer.

Dans cette même situation d'accusation, en aucun cas l'évêque peut être accusateur car chaque accusateur est obligé de comparaitre devant son accusé, en cas d'espèce l'évêque peut-il comparaitre devant son pasteur ?

4. COMITE EXECUTIF

Le comité exécutif s'organise une seule fois l'année ecclésiastique sous la présidence de l'évêque ; ce comité a pour but de faire l'état de lieu administratif et financier, la soumission et l'approbation des projets, d'inviter les nouveaux missionnaires et renouveler les anciens qui sont à la fin de leurs mandants.

Les membres de ce comité sont les pasteurs et laïcs qui ne dépassent pas 30. Dans son organisation il y a l'évêque, secrétaire et des membres : membres femmes – méthodistes unie et hommes méthodistes. Les membres du comité exécutif ont mandant de quatre ans ; tout surintendant est appelé à assister au comité exécutif, même s'il n'a pas été élu, il y reste sans droit de vote, mais il participe à toute discussion sans qualité de membre, parce qu'il n'a pas été élu comme membre effectif.

Pour l'église méthodiste unie la seule rencontre qui a l'autorisation d'achat et de vente des biens de l'église, après l'évêque d'être autorisé par la conférence annuelle en sa qualité de représentant légal ; en dehors de cette procédure personne d'autre n'a ce droit sinon c'est une violation flagrante qui entraine la suspension immédiate si vraiment l'église reste encore dans sa position du respect de biens de l'église du Seigneur Jésus Christ comme propriétaire de la mission de l'église ; Il vous demandera le compte à rendre à propos de la mission qu'il vous a confiée dans son église pour laquelle il fut crucifié.

5. Conférence de district

Comme dit dans les lignes précédentes, le district ici ne represente pas l'entité politico-administrative, mais bien un groupe des paroisses sous la responsabilité d'un surintendant. Cette conférence a pour tâche :

- Examiner l'état des charges de district
- Elire les comités nécessaires pour promouvoir l'œuvre du Seigneur dans le district, y compris le conseil de district c'est-à-dire le surintendant, les pasteurs des paroisses du district, les présidents des agences et départements.
- Accorder er renouveler les permis des exortateurs et des prédicateurs locaux qui ne détiennent pas des désignations pastorales a la conférence, ainsi que les permissions de prêcher à d'autres personnes.
- Recommander à la conférence annuelle des candidats digne d'être acceptés comme pasteurs locaux ou être admis comme membres en épreuves et recommander également les classes dignes à entrer dans la catégorie d'église locales complètes ou encore d'autres nouvelles églises à organiser.

6. Conférence de charge

La conférence de charge autrefois appelée trimestrielle comme l'indique son appellation s'organise tous les trois mois, sous la présidence du surintendant de district. A cette rencontre le surintendant prend connaissance de l'état de lieu des activités globales de chaque paroisse : en commençant par les activités pastorales, en passant par les activités laïques jusqu'aux détails administratifs et financiers. Par charge pastorale, nous entendons : les prédications, baptêmes, mariages, sainte scène, statistique de tous les départements, ainsi que les visites pastorales.

La conférence de charge est une conférence qu'on ne doit pas faire en précipitation comme on le voit ces jours. Il est demandé aux surintendants de prendre assez d'heures par jour et non moins de trois jours, car chaque activité doit être analysée avec rigueur et bien détaillée. C'est à cette conférence qu'on s'assure de la viabilité de la paroisse et ses chapelles autrefois appelées cercles des apôtres. La stabilité d'une paroisse se voit clairement à cette conférence dans laquelle tout le monde peut désapprécier ou apprécier le pasteur comme pasteur talent.

7. Conférence de paroisse

Celle-ci n'est une rencontre régulièrement organisée, elle s'organise dans la paroisse au cas où la conférence de district n'est pas organisée, les pasteurs des paroisses organisent chacun une conférence de paroisse dans leurs paroisses respectives tout en tenant informé l'évêque avant l'organisation de celle-ci et en expliquant les raisons ou motifs ; cette conférence ne peut être présidée par un laïc, mais par contre toujours par un pasteur consacré.

Et chacun des pasteurs présidant réserve la copie du compte rendu de la dite conférence au surintendant de district, une autre copie à l'évêque.

N.B : Cette situation oblige chaque surintendant d'avoir l'esprit d'initier ses pasteurs à présider les séances de certaines rencontres dans le district, pour que chaque pasteur ait des capacités de diriger. Dans ce même cadre, l'évêque a toute possibilité de le faire à son niveau dans les conférences annuelles.

Avant de nous plonger systématiquement dans les moindres détails de notre intitulé, l'administration il nous est indispensable de voir la chose sous la loupe divine « Bible » (Exode 18: 13 – 26, Nombres 26: 1 – 7 et 31: 25 , Matthieu 15:32 – 39, Luc 10: 1 – 11).

A travers les saintes écritures, nous trouvons partout de pasteurs et d'autres anciens, tout comme dans la nouvelle alliance, Dieu est toujours Auteur de l'administration.

Partout dans l'Ancien Testament, nous trouvons Dieu Père Créateur de toute chose, Orientait et Organisait son peuple par ses serviteurs ; et lorsque nous arrivons au temps du Nouveau Testament nous voyons le Dieu Fils qui, à son tour faisait la même chose.

Disons alors que l'administration n'est pas une nouveauté, pour nous mais une organisation de Dieu Lui-même dès la création.

L'église primitive a été aussi dans cette pratique. Si nous faisons un pas en arrière, nos anciens parents, pratiquaient aussi l'administration à leur niveau. Chaque village, chaque clan s'organisait toujours en cherchant l'ordre.

Voilà pourquoi nous prenons ce petit temps pour réfléchir sur quelques points qui nous aideront à bien comprendre comment diriger une église locale dans la paix, l'ordre et la stabilité.

Qu'est-ce qu'une administration

- L'administration est une action de gérer un ensemble des biens et des personnes.
- Gestion c'est l'action de gérer une société, gérée par un conseil d'administration.
- L'administrateur est une personne chargée de l'administration d'un bien, d'un patrimoine. Il est également un responsable qui assure l'application de la Loi

et la marche des services publiques conformément aux directives gouvernementales.

L'Administration de l'Eglise Locale

Notre sujet est reparti en trois dimensions à savoir :

A. Administration générale
B. Administration financière
C. Administration judicaire

A) Administration d'une manière générale dans sa définition, consiste sur la gestion des personnels et de biens : alors au niveau d'une église locale, il s'agit donc de comment organiser et gérer les membres de l'église selon les départements et les agences.

1er) Pasteur étant berger « Administrateur » du patrimoine du Seigneur Jésus-Christ, il doit considérer tout homme et femme étant brebis de la bergerie du Christ sans discrimination de sexe, de tribu, de rang social ou scientifique.

- Ce troupeau de Dieu a droit au salut et mérite l'encadrement du berger. Dans ce même cadre, le pasteur ne s'arrête pas seulement à l'encadrement de membres, mais aussi à l'entretien et la protection des biens de l'église.

Une administration organisée doit avoir une stratégie planifiée clairement pour qu'elle soit efficace et appréciable par tous ; à ce stade, l'administrateur doit être un homme de bonne qualité morale et spirituelle.

L'ordre, la propreté et la ponctualité, sans oublier l'honnêteté dans la totalité de sa vie.

Stratégie à prendre

a) Le Pasteur doit mettre l'évangélisation en priorité « proclamer » la parole du Seigneur.
b) En sa qualité de berger, le pasteur est appelé à l'organisation des brebis en classe « Blocs » de 10 à 12 membres pour mieux les contrôler.
c) L'enseignement est important dans le travail d'une église locale. La formation de chrétiens au niveau de l'église locale se fait en étapes :

1er l'éducation chrétienne doit être prioritaire à tous les niveaux :

- Tout débutant « nouveau converti » doit être formé en matière de débutants.

Après le programme des nouveaux convertis, il faut que le membre passe à une autre étape, celle de connaitre le sens du baptême et de la sainte communion, doctrine et discipline de l'église dont il est membre ; le berger d'une église est obligé d'être clair vis-à-vis des membres qui viennent d'autres confessions religieuses de peur qu'il n'entretienne la confusion dans la marche de sa bergerie.

Dans le point de l'éducation des nouveaux venus, leur formation doit prendre assez de temps pour que ceux-ci maitrisent la doctrine de l'église méthodiste unie.

- Voilà sur quoi repose l'efficacité et stabilité d'une bonne administration.

Il y a d'autres enseignements sur lesquels le pasteur doit insister avec beaucoup de rigueur ; c'est la formation de jeunes et les groupes de choristes où les jeunes garçons détournent les jeunes filles, disant qu'ils les préparent aux futurs mariages et pouvant rendre ces filles, mères ou mères-célibataires.

Remarques

(Marc 10:45, Luc 19:10, Jean 10)

Un administrateur est un serviteur des autres ; il gère le patrimoine du Seigneur Jésus Chris, il n'a aucun droit de se comporter en patron.

C'est pour cette raison que son épouse ou son époux et ses enfants sont tous appelés à contribuer à l'administration que leur père ou leur mère fait.

Ils doivent manifester des attitudes positives, plutôt qu'afficher l'orgueil du pouvoir, c'est qui est vraiment un risque de gâcher l'administration de son époux ou son épouse.

Quand vous considérez la place que l'homme occupe dans le dessin de Dieu au centre de toutes ses pensées, quand vous voyez Dieu lui – même devenu homme, vous apprendrez à reconnaitre la valeur de l'humanité c'est-à-dire les brebis de votre église et toutes les personnes auxquelles vous devez apporter l'évangélise.

Donc, un bon administrateur doit prendre en considération et mettre en priorité tous ces points.

- La capacité d'enseigner
- La capacité de diriger
- L'amour de son travail et du prochain

Un bon gérant doit avoir des bonnes méthodes du travail ; les mauvaises méthodes ou manque de précision amène l'homme au :

- Gaspillage de temps
- Gaspillage des matériels
- Gaspillage de travail
- Perdre même les membres dans une paroisse locale.

Que dit l'écriture sainte ?

(Eph 5:15 ; Matt 18:6, Marc 9: 42, Col 4:5)

Comment améliorer les méthodes de travail et les simplifiées ?

- Faites l'analyse du travail dans toutes ses dimensions :
  1) Evangélisation « composez une équipe »
  2) Construction « composez une équipe »
  3) Finance « composez une équipe »
  4) Conseil d'administration « composez une équipe »
  5) Tribunal et comité d'enquête « composez une équipe »

Pour faire une bonne administration suivez ces principes et lisez Eph 5: 8 – 11 ; le Pasteur doit avoir l'esprit de collaboration avec d'autres personnes.

a) Agissez comme vous voulez que les autres agissent pour vous
b) Soyez juste devant tout le monde
c) Traitez tout le monde de la même façon
d) Soyez sévère quand il le faut, mais pas dans la colère
e) Chaque changement de responsabilité d'un membre, doit être expliqué et informé bien avant à la personne concernée dans l'équipe
f) Chaque responsable doit être informé de comment améliorer son travail
g) Chaque fois qu'un pasteur ou laïc est suspendu, il faut toujours informer par écrit avant qu'il n'arrive aux institutions, comites auxquels il est censé prester sans oublier la hiérarchie

Comment résoudre un problèmeème?

1. Sachez avant tout, la vérité
   - Observez, écoutez, réfléchissez avant de répondre

- Il faut connaitre la situation générale et les situations individuelles
- Cherchez l'opinion de vos collègue et amis
- Soyez certain que vous avez toute la vérité
- Avant de décider, cherchez l'option qui est possible ; et choisissez l'action qui semble la meilleure d'après les individus les équipes de travail, c'est pourquoi la sociologie et la psychologie du travail sont nécessaires d'être connues par chaque dirigeant.

2. Contrôlez les résultats

a) Décidez s'il est nécessaire de poursuivre votre action
b) Le moment est – il favorable à votre action ?
c) Quelle attitude faut – il prendre dans l'exercice de l'action ?

Les faits à obtenir

1) L'âge et la situation familiale de la personne en problème
2) Son tempérament
3) Est – il aimé dans la communauté ?
4) Sa santé est – elle saine ?
5) Avait – il des problèmes précédemment ?
6) Que pense – t – il du problème ?
7) Que pensent ses collègues ?
8) Avez-vous écouté tout ce qu'il a dit ?
9) Que dit les écritures Saintes (I Rois 18: 37 ; Job 11: 19 , 33:29 – 33, Psaumes 43:3 ; Cantique des cantiques 1:1).

CONCLUSION

Pour bien gérer une église locale, le pasteur doit sincèrement se sentir véritable responsable et avoir une connaissance en matière de gestion.

L'église est une communauté des hommes, des femmes et des enfants qui sont devant le pasteur pour recevoir les repas spirituels et un bon encadrement

Pasteur étant berger, doit avoir une connaissance dans le domaine de berger (Psaumes 23), le troupeau de Dieu est composé des enfants, des adultes et des vieux ; il y aussi les hommes d'affaires, les chômeurs, les étudiants et les élèves ; alors il est du devoir du pasteur de connaitre comment vivre et encadrer tous ces groupes, car chaque groupe à ses problèmes.

La sagesse, l'intelligence, la patience et l'esprit d'écoute sont indispensables dans la gestion de la paroisse. Sans cela, le pasteur tombe dans une chute terrible et compliquée à justifier !

Documents administratifs

Une gestion administrative qui n'a pas des documents est une gestion sans valeur.

Et le gestionnaire ne mérite pas ce travail ; alors si ce dernier est pasteur de n'importe quelle église, il lui est demandé d'avoir les documents selon la responsabilité de qu'il a ; un administrateur qui n'a pas des documents est considéré faible et fragile dans la gestion de son église, car manifeste la négligence coupable qui mérite des sanctions. En dehors des registres de différents membres, il est recommandé au pasteur d'avoir 3 fiches qui sont souvent négligées par plusieurs pasteurs.

1) Une fiche de chaque membre avec la composition familiale et les identités complètes
2) Fiche de visites de ses membres tout en précisant la date et l'heure de visite ; chaque changement doit être signalée avant 3 heures ou moins

A) Administration financière

L'administration financière, celle – ci repose sur la gestion des finances ; une église sans argent n'aura jamais la possibilité de s'étendre car l'évangélisation necessite le déplacement des évangélistes ; il faut des traités bibliques aux nouveaux convertis ; tous ceux – ci exigent l'argent.

Pourquoi faut – il avoir un departement des finances dans l'église locale ?

Avant que nous répondions à cette préoccupation, voyons tout d'abord que dit la bible concernant le problème des finances et d'autres biens. « Malachie 3 ; 6 – 10, Lévitique 3 ; 1 – 4 » nous voyons que les saintes écritures recommandent que chaque personne offre de ce qu'il a comme revenu, qu'il soit en argent ou en nature.

« Marc 12:41 – 44 » toute adoration doit être accompagnée des offrandes, l'aumône, dîme etc. ; car ceux – ci font partie de l'adoration.

- Chaque culte rendu à l'Eternel ou même à une divinité païenne a toujours été honoré par des offrandes.
- Dans l'Ancien Testament tout comme dans le Nouveau Testament, l'offrande était recommandée et associé à l'adoration, même les païens offraient et sacrifiaient à leurs dieux.

- Pour l'église, il est nécessaire que chaque membre adore et qu'il offre aussi à son Dieu ; tout ce qu'on offre à Dieu comme argent et biens honorent l'Eternel.

Nous avons déjà dit que l'administration est une partie de Lois de Dieu ; celle – ci doit être respectée l'administration financière aussi.

Documents comptables

1. Fiche de comptes
2. Livre de caisse
3. Carnet de paiement
4. Carnet de réception
5. Notes de crédits et des avances
6. Classeur des fiches des fonds reçus
7. Classeur des fiches des fonds expédiés
8. Registre de paiement

Lois financieres de gestion

En matière de finance, méfiez – vous de tous ; tout argent donné à quelqu'un doit être déchargé clairement par écrit.

Un comptable ou un trésorier, est une personne qui doit avoir une discipline et une rigueur en matière des finances. Celui qui reçoit l'argent est obligé de signer le document que le comptable lui présente; dans le cas de décharge d'argent il n'y a pas d'exception. Même un supérieur doit poser sa signature bien claire.

Pour quoi tous ces documents?

- Il n'y a qu'une seule réponse

C'est pour éviter le vol et soupçon en cas de contrôle

Avant de remplir les documents, le calcul doit être contrôlé ; les documents comptables ne doivent pas avoir des ratures ni des surcharges, soyez certain du stylo avec lequel vous remplissez les documents comptables. Vous recevez l'argent, immédiatement remplissez les documents.

Autre chose, avant de nous plonger systématiquement dans l'administration de la Surintendance, il nous est indispensable de voir la chose sous une loupe divine « Bible »

(Exodes 18 :13-26, Nombres 26: 1 – 7 et 31– 25)

(Matthieu 15: 32 – 39 ; Luc 10 :1 – 11)

A travers les saintes écritures, nous trouvons partout de départ et d'autre dans l'ancienne tout comme dans la nouvelle Alliance, Dieu est toujours Auteur de l'Administration.

Rappelons alors que l'administration n'est pas une nouveauté pour nous, mais une organisation de Dieu Lui – même dès la création. L'église primitive la pratiquait aussi.

Nos anciens parents se sont trouvés pratiquant l'administration à leur niveau, chaque village, chaque clan s'organisait selon un ordre.

Surintendant

Intendant 'ce terme vient du mot hébreu «Sar» et en grec «oikonomos ou epitropus » qui signifie « Econome, administrateur, gérant, surveillant »

Etadàs (en grec) charge ou fonction

A l'origine, est un service administratif chargé du ravitaillement et l'entretien de l'armée d'une collectivité.

Un intendant est une personne chargée d'administrer, ce terme surintendant, est un mot composé :

1. Intendant « gérant »
2. Sur « être au-dessus de quelque chose ou de quelqu'un »

Surintendant « un intendant désigné à la surveillance de ses collègues. Il est premier parmi les égaux intendants ; il n'est pas Patron mais simple gérant de la propriété de Jésus Christ.

Ce même terme surveillant se traduit aussi au terme « espiscopos ou espiscopeo » qui signifie « Ancien » epitropos que l'on trouve dans les autres communautés autrefois appelés Chefs de Stations tandis que chez les méthodistes, un Ancien est un Pasteur consacré ou ordonné et chez les autres, ils sont appelés Presbytères de station.

Eliezer fut intendant de la maison d'Abraham de tous ses biens (Genèse 15:2 ; Nombres 4:16 ; 31:14). Joseph avait un internat à sa disposition (Genèse 43:19 ; 44, 1 – 4). Il faut savoir qu'il y a beaucoup des chapitres parlant d'intendances (Genèse 24:2 ; 43:16 –19; Luc 8:3, I Rois 4:5 – 7, I Chroniques 26:24 , Daniel 3:2 – 27).

Après avoir eu connaissance sur le terme intendant il ne nous reste qu'à revoir quelle doit être l'attitude d'un surintendant.

Les caractéristiques d'un bon surintendant

Avant d'être surintendant, il faut être chrétien.

1) Il est alors demandé à chaque intendant être né de nouveau « avoir la foi stable et sincère (Jean 5:1 – 3) qu'il soit irréprochable.

2) Un surintendant est avant tout un berger ; le berger doit être plein d'amour envers les brebis. Il est appelé à l'hospitalité et la courtoisie.
3) Un surintendant, un chef de station, un presbytère sont entre deux groupes de gens à savoir:
- D'une part les intendants (Pasteur) et d'autre part les membres de l'église locale ; cette situation fait de lui un conciliant pacifique en cas de conflits de brebis qui sont à sa responsabilité.

Administration judiciaire

Dans l'administration judiciaire, il y a des points capitaux que l'église est obligée de faire, dans la sincérité et avec beaucoup de souplesses de peur qu'elle ne le fasse pas suivant la discipline de l'église, ceci pourrait scandaliser des membres du tribunal et que ceux-ci soient considérés comme incapables et injustes.

Procédure judiciaire

En matière judiciaire, il faut avoir la vérité des faits ; au niveau local, le pasteur doit être sûr de l'accusation avant de convoquer l'accusé au tribunal de district considéré provisoire.

S'il s'agit d'un pasteur consacré, l'accusation est adressée à l'évêque, copie pour information au surintendant de district de l'accusé ; dans ce cas le surintendant a une obligation d'inviter l'accusateur pour qu'il ait la précision du délit de l'accusé.

L'évêque a qui l'accusation est adressée, composera le comité d'enquête, qui se déplacera jusqu'au district dans lequel le délit est consommé.

Les membres du comité d'enquête doivent comprendre qu'ils ne sont pas des juges, mais simples enquêteurs sans commentaires; en séances d'enquête qu'ils se comportent dignement avec des attitudes positives sans pour autant faire des déclarations. Au tribunal de la conférence annuelle, ce comité d'enquête déposera le document contenant les déclarations de chaque personne consultée. Aucun membre du dit comité n'a le droit d'être membre du tribunal, au moins pour de raison de précision des certaines choses qui ne sont pas claires.

Chaque déclaration doit être signée par son auteur, l'accusateur doit comparaitre avec son accusé. Une fois l'accusé refuse de signer, ainsi le président du tribunal demandera trois de membres du tribunal de signés à la place de l'accusé tout en précisant le refus de signer ; En cas de condamnation de l'accusé, le certificat d'ordination lui sera ravi par le tribunal et sera placer dans le dossier sensible au bureau de l'évêque.

SERVICES LITURGIQUES

Les services liturgiques sont très nombreux, cependant il y en a qui sont classiques : il s'agit de tous les sacrements (baptême, confirmation, mariage, sainte scène), aux sacrements sont ajoutés les cultes funèbres, culte de noël et toutes les journées spéciales du calendrier ecclésiastiques. Ces services sont une obligation d'une part et droit d'autre part du pasteur consacré de la paroisse.

Pour ce qui est des sacrements, les personnes qui doivent recevoir les sacrements font partie des personnes concernées par les sacrements en plus du pasteur qui a l'obligation de les administrer. Les services liturgiques étant des parties du culte, ce dernier se fait pendant une heure et demie ou tout au plus une heure et trois quart d'heure.

Pour les services liturgiques, le pasteur doit les faire dans un esprit de respect de temps ; c'est-à-dire il ne faut pas administrer deux services dans un même culte ; choisissez un qui vous trouvez prioritaire. Dans le cadre du respect de service, jamais, jamais, quitter la chaire même s'il y a un grand visiteur laissé que le service protocolaire s'en occuper. Point culminent, la femme du pasteur, celle – ci doit être savoir qu'une fois son époux (pasteur) est sur la chaire en train de faire le service, cet endroit n'est pas accessible à n'importe qui.

La femme d'un pasteur doit être le modèle de toutes les femmes de l'église et celles du quartier et du village ou de la ville.

Dans un autre aspect, il est demandé aux enfants de pasteur d'être lumière et modèle partout où ils accompagnent leur père (pasteur). Que l'épouse du pasteur veille beaucoup sur les enfants surtout sur les plus jeunes de 3 à 5 ans, les enfants qui sont très intimes à leur père, de peur qu'ils ne précipitent de monter sur la chaire où papa fait le service.

DOCTRINE

1. Culte

Le culte est un hommage rendu à la Divinité c'est-à-dire au Dieu créateur par la louange, les offrandes, l'adoration; ces trois se traduisent par les chants, les prières, les prédications ; tous ceci se fait sous la conduite du pasteur.

2. Personnes concernées et processus

Le pasteur « prédicateur », l'officiant et les membres autrement appelés fidèles de l'église y compris ceux des groupes musicaux. Tout culte commence toujours par un chant ou cantique d'ensemble ou d'un groupe musical « chorales »ce chant accompagne le pasteur et l'officiant jusqu'à la chaire et s'arrête une fois ceux – ci à la chaire, c'est la fin du prélude. Le pasteur dit la prière d'ouverture qui est obligatoirement dite par lui, puis débute le programme classique du service liturgique.

Culte c'est-à-dire : prières, chants, les annonces, offrandes, lectures du texte biblique, prédication, un cantique et bénédiction. Il est à noter que tous ces services énumérés sont les devoirs des pasteurs ou du pasteur s'il est seul ; le culte doit être et restera une occasion de rendre hommage à l'Eternel sous la conduite du pasteur et non d'un ou plusieurs laïcs sauf pour les journées spéciales. Cependant, le Credo et autres services liturgiques restent le domaine du pasteur consacré, ainsi le laïc ne peut faire le moindre service liturgique.

Un pasteur de l'église méthodiste unie ne peut jamais faire un service liturgique sans être habillé de sa tenue pastorale, c'est-à-dire sa toge, à défaut de sa toge, le pasteur est obligé de mettre sa caule pastorale pour la réalisation du culte et sur la toge, il y met des étoles qui varient des couleurs en fonction des temps et circonstances.

A ce qui concerne notre doctrine, chaque pasteur et chaque membre de l'église méthodiste unie doit mettre dans sa tête que la foi en Christ et la sainte Trinité « Dieu le père, Dieu le fils et Dieu le Saint Esprit », ceux – ci nous montrent vraiment la base de notre conviction comme chrétiens méthodistes, croire à la justification de l'homme par sa foi en Jésus Christ.

UNITE DES EGLISES

Un point à rappeler aux chrétiens, nous parlons de l'unité des églises ne signifie pas avoir les doctrines uniformes, nous avons l'unité dans la diversité chaque église a sa conception et interprétation de chaque sacrement; lorsqu'on parle de l'ECC, ceci n'est pas une nouveauté, à l'époque il y a eu le conseil protestant qui s'organisait chaque fois pour voir comment les protestants montaient leurs projets ; les représentants légaux y assistaient et donnaient les rapports à leurs églises respectives sans oublier les projets en communs.

L'église de manière générale a fait beaucoup d'exploits surtout sur le plan éducatif et sanitaire dans le même cadre d'unité des églises, l'Université de Kisangani, l'université protestante du Congo a Kinshasa, ces Institutions Universitaires ont été créés dans par le biais de l'unité protestante sous la réflexion du conseil protestant du Congo de l'époque, sans oublier : l'école médicale de tchikaji, celle de Lubonday, l'école des moniteurs de kasaji, etc. Toutes ces institutions recevaient et reçoivent encore aujourd'hui les élèves et étudiants venant des églises protestantes différentes.

Chers collègues, voici sur quoi reposait la force de la mission de l'église de l'époque, le conseil qui regroupait tous les protestants ne se mêlait jamais dans les affaires politiques, ni dans les affaires internes des communautés, auxquelles le pouvoir public intervient souvent aujourd'hui, pour éviter les troubles d'ordre publics suivis des insultes qui font une grande honte de l'église et conduit à la faillite de sa mission.

Pourquoi disons-nous de grande honte ? Nous sommes tous conscients que l'église est lumière dans le monde entier.

L'église qui doit illuminer le monde dans toutes ses dimensions, voilà l'église qui s'embourbe et éteint la lumière ; le monde profane se pose des questions si l'église a encore un message à donner aux non croyants. Comme disait toujours un homme de Dieu, quand il organisait des séminaires aux évangélistes «chaque communauté doit encadrer ses évangélistes » qu'il a toujours appelés bérets – rouges pour stabiliser la mission de Jésus Christ sur la terre.

L'église actuelle est interpelée sur sa mission qui semble être en chute, que les autres appellent démission de l'église à la mission qui lui est confiée. Avant que nous terminons cette réflexion, nous manifestons notre gratitude au Seigneur Jésus Christ, à l'église méthodiste unie qui nous a donné le temps de réfléchir et nous interpellés sur cette tâche louable et interminable jusqu'à la fin des jours de chacun.

CONCLUSION

Dans ce petit livre, nous nous rappelons tous responsables de l'Eglise que nous avons pour objectif de rappeler à chaque croyant et à nous-mêmes ; que chaque personne doit tenir très fort au devoir que Jésus Christ Fils de Dieu donne, celui de chercher l'homme perdu, suite à sa désobéissance.

Cette désobéissance qui a engendré la souffrance et la mort de l'homme et tous ses descendants. Par sa miséricorde et son amour pour l'homme qu'il a créé à son image, Dieu s'est donné à le ramener à lui, plutôt que le laisser dans la perdition totale ; ainsi il l'approcha par la voie de son Fils unique Jésus Christ qui fut crucifié pour le salut de plusieurs.

Ainsi, l'église n'est pas un tribunal pour juger les hommes, mais plutôt un lieu où chacun est censé se déchargé et se sentir encadrer ; car Jésus Christ lui-même n'a pas condamné ceux qu'on lui présentait mais par contre, il les pardonnait et leurs demandaient de ne plus péchés. De même l'église doit interpeller l'Homme à la conversion et non lui faire des critiques et surtout pas le discriminer malgré ses péchés.

Avant de finir complètement ces propos nous disons merci à mon épouse MWEPU Astrid de son encadrement en conseils et en prières sans oublier mes enfants (Kabila wakubangi Mayo Piet-Isaac) :

- WAKUBANGI James ILUNGA
- WAKUBANGI Joceline KABOLE
- WAKUBANGI Désiré KABALA
- WAKUBANGI Freddy LUBAMBA
- WAKUBANGI Marguerite MONGA
- WAKUBANGI Ranks KABILA
- WAKUBANGI Arlette MUTONKOLE
- LUPITSHI WA KASONGO Roger
- WAKUBANGI BANZA MUJUBU Grev

BIOGRAPHIES DES AUTEURS

L'auteur est KABILA WAKUBANGI MAYO PIET, né le 24/10/1944 à Mulongo dans la province du Katanga, marié à MWEPU ASRTID, tous parents de neuf enfants. Il a fait ses études primaires à Mwanza sope dans une école de l'église Congo Evangelistic Mission et ses études secondaires en pédagogie à l'école Méthodiste de Kikula à Likasi, ex Jadoville. Puis, inscrit en 1965 à l'école pastorale de l'église Méthodiste. Il a été ordonné pasteur de la même église 1968.

- Pasteur de paroisse à Kamwela de 1968 à 1970
- Pasteur de paroisse à Kalemie et enseignant 1971 à 1972
- Pasteur de paroisse et Enseignant à l'école secondaire de Kanyama 1972 à 1974
- Surintendant de District de Mwanza et Enseignant à l'école secondaire Mbayo 1977 à 1981
- Surintendant de District de Kamina 1982 à 1985.
- Il est allé en suisse étudier la Missiologie à l'institut biblique et missionnaire Emmaüs de saint léger dans le canton des veaux en 1985.
- Evangéliste de Diocèse de 1986 à 1992.
- Pasteur de paroisse de Malemba Centre de 1996 à 1999.
- Orateur au département de l'enseignement de théologie par extension de 1999 à 2006.
- Enseignant à l'école pastorale de Kafakumba de 1993 à 2018 et retraité en 2018, soit 50 ans de carrière pastorale.

Lupitshi wa Kasongo Roger est né le 18-12-1990 à Kamina dans la province du Haut-Lomami, il a fait ses études primaire à l'EP SNCC/ Kamina, ses études secondaires au Complexe Scolaire les Vainqueurs en Math-Physique, et ses études universitaires en sciences agronomiques à l'université de Lubumbashi depuis 2015.

Printed by Books on Demand GmbH, Norderstedt / Germany